KB153143

어린이 동지

교차하는 아시아
005

어린이 동지
— 인도 마오쩌뚱주의 아동병사들의 이야기

조지 커너스 지음 — 권루시안 옮김

A C C

일러두기

· 이 책에 저본이 된 논문은 2018년 정부(문화체육관광부)의 재원으로 국립아시아문화
전당의 지원을 받아 수행된 연구다.
· 단행본은 『 』, 논문과 예술작품 등은 「 」로 표기했으며, 옮긴이가 별도의 문구를 추가
하는 경우에는 [ ]으로 표기했다.
· 외국 인명·지명의 표기는 국립국어원 외래어 표기법에 따랐으며, 몇몇 경우에는 현지
발음에 가깝게 표기했다.

차례

마오쩌뚱주의 게릴라들이 자르칸드주의 숲속으로 모여들고 있다. (3장 1절 참고)

자르칸드주에서 게릴라들이 숲을 붉은 깃발로 장식하고 있다. (3장 1절 참고)

자르칸드주의 어느 게릴라 야영지에서 차를 끓이고 있다. (3장 1절 참고)

자기 땅이 없는 달리트 노동자들이 비하르주에서
상위 카스트에 속하는 지주들을 위해 일하고 있다. (3장 2절 참고)

비하르주의 달리트 중에는 극도의 빈곤 속에서 생활하는 가족이 많다. (3장 2절 참고)

아디바시 여성이 나뭇잎 접시로 팔기 위해 나뭇잎을 채집하고 있다. (3장 2절 참고)

자르칸드주의 어느 숲속 마을에서 '국제여성의 날'을 준비하기 위해 모인 '어린이 동지'들.(4장 참고)

'어린이 동지'들은 16세 이상의 나이가 됐을 때
마오쩌뚱주의 게릴라군의 일원으로 받아들여진다..(4장 참고)

자르칸드주에서는 고된 농사일을 피해 가출하여
마오쩌뚱주의 운동에 가담하려는 어린이들이 많다.(4장 참고)

자르칸드주에서 마오쩌뚱주의 진압 작전을 벌이고 있는 보안군. (4장 참고)

1

머리말

　　나는 2008년 11월 마오쩌뚱주의 진영
에서 활동하는 16세 '아동병사' 카스투리[i]를 인도 동부 자르칸
드주 크란티푸르의 어느 숲속 마을에서 처음 만났다. 카스투리
는 9세에서 19세 사이의 소녀 11명과 함께 있었는데, 이들은 모
두 마오쩌뚱주의 운동의 나리묵티상호(여성해방연합)에 속해 있
었다. 카스투리를 만나기 몇 시간 전 카스투리의 아버지 찬두
를 만났다. 찬두는 크란티푸르 시장에서 가게를 하고 있었다.
대화 도중 찬두는 딸이 한 해 전 가출하여 마오쩌뚱주의 운동
에 가담했다는 말을 했다. 찬두와 나는 알고 지낸 지 두 달이 됐
지만, 그가 내게 딸에 대해 언급한 것은 그때가 처음이었다. 나

---

i 이 책에서는 신원 보호를 위해 모든 인명을 가명으로 바꾸었다.

는 놀랍지 않았다. 현지에서 자르칸드주 마오쩌둥주의 게릴라들의 '붉은 수도'로 불리던 크란티푸르에서는 사람들이 모두 조심스럽게 처신했다. 마오쩌둥주의 반군과 관련된 일에서는 특히 더 그랬다. 인도 정부가 이들에게 테러리스트라는 꼬리표를 붙인 만큼, 게릴라와 연관이 있다는 게 드러나면 정부 당국으로부터 성가신 일을 당할 가능성이 있었다. 찬두는 내가 위협적인 존재가 아님을 확신한 다음에야 딸에 대한 말을 꺼냈다. 그는 한 해 전 카스투리를 다른 마을 소년과 결혼시키기로 했다. 딸은 결혼에 반대했다. 그럼에도 찬두가 결혼을 고집하자 딸은 가출하여 마오쩌둥주의 운동 진영으로 피신했다. 그날 나를 만나기 직전 찬두는 카스투리가 크란티푸르 시장으로부터 그리 멀지 않은 어느 마을에서 친구들과 함께 머무르고 있다는 것을 알게 됐다. 딸이 화를 낼까 두려워 본인은 만나고 싶지 않다고 했지만, 나에게는 소녀들이 머물고 있는 마을로 가는 길을 알려주었다.

마을에 다다랐을 때 '마오쩌둥주의 소녀들'의 분위기는 느긋했다. 어떤 소녀들은 옷을 빨아 말리고 있었고, 다른 소녀들은 크란티푸르에서 열리는 어떤 행사를 위해 혁명가를 연습하고 있었다. 나는 그중 한 명에게 어디로 가면 카스투리를 만날 수 있을지 물었다. 이윽고 살바르쿠르타(발목이 좁은 풍덩한 바지와 무룿까지 내려오는 긴 셔츠 또는 튜닉) 차림의 소녀가 나를 만나러 다가왔다. 실제 나이인 16세를 넘어 보이지 않았다. 마오쩌뚱주의 식으로 랄살람('붉은 경례'라는 뜻) 인사를 나눈 뒤 우리는 어느 흙집 바깥에 놓인 평상에 앉았다. 나는 카스투리에게 내가 하고 있는 크란티푸르의 마오쩌뚱주의 운동 연구에 관해 설명했다. 그러다 내가 막 그녀의 아버지를 만나고 온 길이라는 말을 꺼내자 긴장했다. 카스투리는 집으로 돌아가 결혼할 생각이 전혀 없다고 딱 잘라 말했다. 그렇지만 그로부터 몇 달 뒤 집으로 돌아갔고, 아버지가 점지한 바로 그 소년과 결혼했다. 아버지에 대한 반항은 이미 충분히 보여준 뒤였다. 이 책 뒤편에서 카스투리에 관한 이야기로 돌아오기로 한다. 크란티푸르에서 머무는 동안 나는 카스투리처럼 마오쩌뚱주의 게릴라의 일원이 된 소년소녀들을 더 많이 만날 기회가 있었다. 그들의 이야기 덕분에 나는 마오쩌뚱주의 게릴라 운동 안에서 어린이가 어떻게 살아가는지에 대한 독특한 이해에 도달할 수 있었다.

이 책에서는 무엇보다도 마오쩌뚱주의 운동에 가담한 18세 미만 소년소녀의 수행성[i]에 초점을 맞춘다. 18세는 UN이 아동

---

[i] 행위주체성, 행위성이라고도 옮길 수 있지만 저자가 이 용어를 쓸 때 (근대적 주체 개념과는 현격히 다른) 주디스 버틀러의 개념을 염두에 두고 있다고 보아 '수행성'으로 옮긴다

기가 끝난다고 보는 나이다(UNICEF 2007). 2500명이 넘는 어린이가 인도 내 마오쩌둥주의 운동에서 아동병사로 활동하고 있는 것으로 보고된다(ACHR 2013). 이 어린이의 대다수는 달리트(과거의 '불가촉천민')와 아디바시(토착민) 공동체 출신이라는 점을 고려해 이 책은 다음과 같은 질문들을 던지고 있다. 어린이는 자발적으로 마오쩌둥주의 운동에 참여하는가, 아니면 강제로 모집되는가? 어린이는 자신이 처한 사회경제적 상황 때문에 어쩔 수 없이 게릴라가 되는가? 어린이는 정부군의 대반란 소탕 활동 때문에 마오쩌둥주의 진영으로 내몰리는가? 어린이는 자신의 의사와는 달리 강제로 붙들려 있는가? 연령 및 아동기에 대한 보편적 이해를 인도의 농촌문화라는 맥락에 적용할 수 있는가? 본 연구에서는 어린이의 수행성에 초점을 두면서, 마오쩌둥주의 운동 속 삶과 관련해 어린이들이 직접 들려주는 자신의 경험과 인식 이야기를 탐구한다.

그동안 인도의 마오쩌둥주의 아동병사에 관해 언론과 인권단체의 보고가 여러 차례 있었다(HRW 2008; ACHR 2013; Bhalla 2013; Srivastava 2017). 그러나 이 책은 마오쩌둥주의 운동 속 어린이의 인생 이야기에 주목하여 이 주제를 다루는 최초의 학문적 시도이다. 일반적으로 그려지는 것과는 달리 이 운동 속 어린이가 모두 좁은 의미의 아동병사, 즉 전투에 참여하는 아동병사는 아니다. 교육, 선전 작업, 문화 활동을 비롯하여 어린이가 참여하는 임무 영역은 훨씬 더 넓다. 이 책은 어린이가 이렇게 넓은 범위의 활동에 관여하고 있다는 것을 보여주면서 '아동병사'라는 범주가 지니는 한계를 드러내는 한편, 게릴라 운동 속 어린이를 다룰 때 더 총체적(holistic)으로 접근할 것을 제안한다. 나아가 마오쩌둥주의 운동에 가담하기 전과 후 어린이의 생활세계를 모두 고려하는 맥락특정적(context specific) 관점에서 어린이의 이야기를 펼친다. 여기에는 어린이의 게릴라 운동 참여 분석에서 사회적·환경적 요인의 역할을 강조하는 사회생태학적(social ecological) 분석틀(Fraser 2004)을 빌렸다. 이 분석틀은 '아동'이라는 범주를 고정된 연령집단으로 보지 않고 토착문화가 그 범주를 형성하는 데 어떤 역할을 하는지 이해하도록 돕는다 (Ungar, et al. 2005). 끝으로, 아동병사 문제를 다루려 할 때 일차적으로 마오쩌둥주의 반란이 뿌리를 내리고 성장해온 온상이라 할, 아디바시와 달리트의 빈곤과 소외 문제를 고려해야 한다고 제안한다. 인도 농촌 지역 아디바시 공동체들의 사회경제적 발전을 모색하는 것이 아동병사 문제의 가장 중요한 해법임을 강조할 때 '문화적 민감도를 유지하는(culture sensitive)' 패러다임의 도움을 받았다.

　맥락특정적 관점에서 마오쩌둥주의 운동 내 어린이의 수행성을 분석하기 위해 나는 여러 방법을 혼합하여 사용한다. 여기에는 1) 마오쩌뚱주의 운동에 관해 내가 오랫동안 진행해오고 있는 연구를 통해 질적·양적 방법으로 수집한 일차자료 분석, 2) 인도 내 마오쩌뚱주의 어린이에 관한 언론 보도나 인권 보고서뿐 아니라 무장세력 및 무장집단 관련 어린이에 대한 참고문헌의 비판적 읽기 등이 포함된다.

나는 마오쩌뚱주의 반란과 정부의 '대반란 소탕 활동(counterintergency)'이 벌어지는 가운데 살아가는 인도 동부 자르칸드주 여러 아디바시 공동체에서 2008년 8월부터 2010년 3월까지 20개월 동안 머무르며 민족지 현장연구(참여관찰)를 실시했다. 또 2013년부터 연구 현장을 여러 번 재방문하게 되었는데 가장 최근의 방문은 2018년 11~12월에 이루어졌다. 현장연구 동안 나는 마오쩌뚱주의 운동에 가담한 다수의 소년소녀와 알고 지내게 되었다. 그리고 광주의 국립아시아문화전당의 연구 사업 덕분에 나는 이 어린이들의 생활세계를 분석할 기회를 처음으로 얻을 수 있었다.

이 책은 내가 질적·양적 연구방법을 통해 수집한 일차자료를 바탕으로 삼고 있다. 질적 자료로는 1) 마오쩌뚱주의 운동에 가담한 어린이들, 그 부모들, 마오쩌뚱주의 운동의 지도자들의 인터뷰, 2) 마오쩌뚱주의 운동에 가담한 어린이들이 들려

준 인생 이야기, 3) 마오쩌뚱주의 운동에 속한 많은 소년소녀의 활동을 현장에서 가까이 지켜보면서 직접 관찰하고 기록한 자료 등이 포함된다. 이런 질적 자료들은 양적 자료에 의해 보완되고 더욱 풍성해졌다. 현장연구 동안 나는 400호 정도의 가구에 대해 마을 조사를 실시했다. 연구 참여자들의 교육수준, 연령, 토지소유 형태, 혼인관계, 가구 내 어린이 수, 고용형태, 보건, 계층, 인종(ethnicity)·종교적 배경 등 다양한 범주를 조사 대상으로 삼았다.

어린이 마오쩌뚱주의자들의 생활세계를 포괄적으로 이해하기 위해 질적·양적 자료 모두를 사용했다. 앞서 언급한 대로 이 자료를 사회생태학적 분석틀 안에서 들여다보았다. 따라서 이 자료를 사용하여 1) 마오쩌뚱주의 운동에 가담한 어린이의 사회문화적 배경, 2) '아동기'에 대해 맥락특정적 렌즈를 통해 본 '아동'이라는 범주, 3) 성별, 계층, 인종, 교육수준 등에 따라 달라지는 어린이 경험의 다양성(heterogenity) 등에 대해 조금 더 섬세한 그림을 그려내려고 했다.

머리말 이후 2장에서는 아동병사에 관한 문헌을 살펴본다. 기존 문헌에서 아동병사를 묘사하고 개념화하는 지배적 방식에 초점을 맞추었다. 또 이 연구를 위한 이론적 틀에 대해 설명한다. 3장에서는 특히 달리트와 아디바시(토착) 공동체들에서

마오쩌뚱주의 운동이 뿌리를 내리고 성장하는 경위와 이 공동
체들의 소외 및 착취 경험을 다룬다. 아동병사는 대다수가 이
두 공동체 출신이다. 따라서 사회경제적 상황과 아동병사 사이
의 상관관계도 탐구한다. 4장에서는 어린이가 말하는 가담 또
는 탈퇴 이유, 그들이 참여하는 활동, 그리고 투쟁과 위험에 대
한 스스로의 평가 등 마오쩌뚱주의 운동에 가담한 어린이들의
목소리를 듣는다. 끝으로 결론에서는 아동병사 문제를 더 효과
적으로 다루기 위한 방법을 정리해본다.

2

아동병사: 개념화와 묘사

이 주제를 다루는 많은 문헌들이 아동병사를 가리켜 무장집단·무장세력 관련 아동(Denov 2010), 무장세력 내 미성년, 어린 병사(Brett and Specht 2004) 등 다양한 용어를 사용하고 있다. 대부분의 연구는 UN 국제아동구호기금(UNICEF)이 2007년 파리에서 선언한 파리원칙의 아동병사 정의를 참조한다. 이 원칙에서는 아동병사를 다음처럼 정의한다.

무장세력(armed force)이나 무장집단(armed group)에 의해 모집 또는 이용되는 18세 미만의 모든 사람으로서, 전투원, 요리사, 짐꾼, 전령, 간첩뿐 아니라 성적 목적으로 이용되는 아동, 소년, 소녀들을 말한다. 교전에 직접 참여하고 있거나 참여해온 아동만 가리키는 것이 아니다(UNICEF 2007:7).

이 원칙은 58개국 대표가 참석한 가운데 공식화됐다. 비록 구속력은 없지만 이 원칙은 아동병사라는 범주의 정의가 표준화되는 이면에서 작용하는 대원칙이 됐다. 정의에서 말하는 무장세력은 국가의 보안군을 가리키며, 무장집단은 민병대와 게릴라 조직을 의미한다. 이 정의는 무기를 들고 전투에 참여하는 18세 미만의 어린이라는 통상의 이미지를 넘어, 무장집단 내에서 이루어지는 더 넓은 범위의 활동에 관여하는 아동으로 아동병사의 범주를 확장시킨다. 흔히 '18세 철칙'이라 부르는 이 원칙은 (a) 어린이를 무장집단에 모집하는 행위를 방지하고, (b) 어린이를 모집하는 성인을 처벌하며(형사책임), (c) 어린이를 전쟁범죄로 처벌하지 못하도록 하는 것을 목적으로 한다. 이 표준 정의는 국제앰네스티, 휴먼라이츠워치, 퀘이커교, 유엔 사무국, 세이브더칠드런, 국제적십자위원회 등 다양한 단체가 아동병사 동원 반대연대라는 기치 아래 지속적으로 운동을 벌인 결과 이끌어낸 것이다(Rosen 2012).

이 정의는 무장집단 내의 어린이가 참여할 수 있는 다양한 활동을 언급하거나 다룰 때 제기될 수 있는 모호성과 허점을 피하기 위해 만들어진 것이지만, 나는 내 연구가 다루는 상황, 특히 교전상태가 지속되는 가운데 태어난 아이와 관련하여, 모든 것을 마구잡이로 포함시키는 이러한 포괄적 범주가 또 어떤 문제를 일으키는지 조명하고자 한다. 특히 성인이 되는 나이를 보편적으로 18세로 설정하는 것이 하나의 중요한 쟁점이 됐다. 아동기를 그 역사적, 문화적 배경에서 이해해야 한다는 목소리들이 있었다. 아처드(Archard 2015)는 오늘날 서양이 이해하는 아동기는 '노동'과 반대되는 '놀이' 시기라고 지적한다. 그러나 여러 문화권에서 어린이에게 이른 나이부터 책임을 부여하고 어린이로 하여금 가계수입에 기여하도록 한다. 보편주의적 접근법은 가정과 공동체에서 어린이가 분담할 수 있는 노동 및 책임에 관한 다양한 가치판단, 곧 아동기에 대한 이해가 문화에 따라 상이할 수 있음을 간과하는 것처럼 보인다(Scheper-Hughes and Sargent 1998). 이 글에서는 아동 모집이 이루어지는 맥락은 물론 나이 및 아동기에 대한 문화에 따른 이해를 고려하고자 한다.

아동병사의 이미지

인도의 안팎에서 오가는 담론을 통해 만들어진 아동병사의 이미지는 다양하다. 세간에 가장 널리 퍼진 이미지는 아동병사는 힘없는 희생자라는 것이다(Drumbl 2012). 이 관점의 어린이는 어리석고 의존적이다. 이 이미지를 뒷받침하는 주요 논리는 성인이 어린이를 착취하고 있다는 것이다. 어린이가 강제로 모집되어 강제로 싸움에 나서서 사람을 죽인다. 저명한 인권활동가 로메오 댈리어는 어린이가 전쟁 무기이자 도구로 이용된다고 주장한다(Dallaire 2010). 이런 아동병사 이미지는 여러 국가에서 아동병사 문제에 맞서 싸우기 위한 정치적, 법적 틀을 형성하는 밑바탕이 되었다(Drumbl 2012). 이 이미지가 전달하는 의미의 핵심은 어린이는 피해자라는 것과 어린이는 자신의 어떤 행동에 대해서도 책임이 없다는 것이다.

어린이는 피해자라는 관념과 밀접하게 연결돼 있는 두 번째 이미지는 '아동병사는 고칠 수 없는 하자품'이라는 것이다(Drumbl 2012: 7). 아동병사는 자신의 경험으로 상처를 입었고, 투쟁에 참여한 탓에 심리적 외상이 남았다는 관점이다. 이들은 '잃어버린 세대'로 그려진다(Singer 2006: 44). 이 이미지는 투쟁 상황이 끝난 뒤 아동병사의 정신건강 문제를 다루기 위한 프로그램을 만드는 결과로 이어졌다.

지금도 퍼져 있지만 앞서 언급한 것들보다는 덜 퍼져 있는 세 번째 이미지에서는 아동병사를 압제자에 맞서 대의명분을 위해 싸우는 영웅으로 그린다(Drumbl 2012). 몇몇 경우에는 조국을 수호하거나 자유를 위해 싸우는 애국자로 묘사된다(Denov 2010). 특정 문화, 특정 민족집단에서는 이들을 찬양한다. 최근에는 서양 매체에서조차 현재 서양에서 살고 있는 아동병사 출신 사람들을 극도의 폭력과 투쟁에서 살아남았다며 찬양하는 사례들이 있었다. 디노브는 이스마엘 베아를 '시에라리온의 아동병사 생활에 관한 회고록으로 국제적 관심을 받았다'고 전하는 언론 보도를 언급한다. 이렇게 달라진 아동병사의 인생을 '폭력을 버리고 구원에 나선 영웅적 변화'로 찬양한다(Denov 2010: 8). 이런 묘사와 찬양을 볼 때 일부 아동병사가 예전에 저지른 잔학행위는 너그러이 보아넘기는 것 같다.

특히 언론에서 종종 유포되는 또 한 가지 이미지에서는 아동병사를 '악당', '사회의 해충', '야만인', '괴물'로 묘사하며, 종종 '자신의 행동을 완전히 인식하고 있는' 것으로 그린다(Denov 2010: 6). 우간다나 시에라리온 등 여러 곳에서 아동병사가 저지른 끔찍한 행위를 전하는 언론 보도가 다수 있다(Aning and McIntyre 2004). 이런 어린이는 '영구적 손상을 입어' 투쟁 상황이 끝난 뒤에도 위험한 생활을 계속하면서 자신과 남에게 폭력을 가하는 것으로 간주된다(Denov 2010: 6). 심지어 '안정과 성장을 위협하는 시한폭탄'이라는 말까지 사용된다(2007년 BBC 뉴스에서 전직 프랑스 외무장관이 한 말). 비슷한 논리가 아동병사 재활을 위해 일하는 사람들과 일부 단체에서 거론된다. 예를 들면 어린이와 무장투쟁에 관해 UN 안전보장이사회에서 열린 회의에서 유명 민간 아동 구호단체인 플랜 인터내셔널의 대표 톰 밀러는 과거 아동병사였던 사람들은 여전히 '살아 있는 시한폭탄'이며 '폭탄 해체를 위해' 시급히 행동에 나서야 한다고 말했다(Plan International 2008).

비판적 관점에서 보면 이런 여러 가지 묘사는 아동병사는 희생자나 악당 또는 영웅이라는 틀에 박힌 아동병사의 이미지가 만들어지는 원인이 됐다. 이런 담론에서 아동병사는 "이국적인 것이 되고 맥락 밖으로 밀려나며 본질화되고", 이로써 그들의 삶을 특징짓는 복잡한 면모를 잃어버린다(Denov 2010: 13). 이런 표현들은 지금 아동병사에 대한 대중의 이미지를 이루고 있다. 디노브는 이런 묘사 때문에 세계의 남과 북 사이에 존재하는 계급이 재생산되어, 인종과 미개 관념이 더욱 강화되고 아동병사와 그들이 속한 사회가 비인간화된다고 지적한다(같은 출처). 나아가 이런 표현들, 특히 악당이나 영웅이라는 이미지 때문에 학문적 분석이나 언론 보도에서 소녀 아동병사가 눈에 보이지 않게 되는 현상이 되풀이되는 것으로 보인다. 눈에 보일 때는 언제나 희생자로 또 성노예 쪽으로 그려진다.

대비되는 관점들

아동병사의 수행성에 관한 기존 연구를 보면 일부는 이런 이미지를 강화하고 또 일부는 그 반대 효과를 가져오고 있는데, 그 결과 두 가지 서로 대비되는 이론적 관점이 만들어졌다. 이 두 가지 이론은 일반적으로 '보호자(caretaker)'와 '방목자(free ranger)' 입장이라 불린다(Huynh, D'Costa, and Lee-Koo 2015). '보호자' 접근법에서는 어린이를 취약하고 순진하며, 정치투쟁에 관여할 수행성을 갖추고 있지 못하다고 본다. 이 견해에서는 어린이가 성숙한 결정을 내릴 능력이 없다고 보기 때문에, 무장세력이나 무장집단에 자발적으로 참여한다는 어떤 논의도 인정하지 않는다(Singer 2006; Kristin 2008). 이 관점에서 어린이는 언제나 외압 때문에 모집된다. 이 관점을 강하게 지지하는 댈리어(Dallier 2010)도 어린이는 무기로 이용된다고 주장하면서 모집에 자발적으로 응할 가능성을 인정하지 않는다. 이 견해에서는 어린이를 모집하는 무장집단은 어린이는 정치적 이해력이 결여되어 있고 제대로 된 결정을 내리지 못한다는 점을 악용하여 전쟁 무기로 이용한다고 본다. 아동병사는 성인의 조종을 받는 희생자이다. 그러므로 어린이는 성숙하지 않았으므로 보살피고 보호해야 한다고 주장한다.

　그와는 달리 '방목자' 입장에서는 어린이에게 수행성이 있다
고 역설하며 제대로 된 합리적 결정을 내릴 능력이 있다고 주
장한다(Huynh, D'Costa, and Lee-Koo 2015). 이 견해를 지지하는 사람
들(Brown 1990; Peters and Richards 1998; Brett and Specht 2004; Rosen 2005,
2015)은 '보호자' 접근법에서는 어린이의 모집 이유를 지나치
게 단순화하고 있다고 주장하면서 어린이의 수행성을 강조한
다. 예컨대 로즌(Rosen 2005)이나 피터즈·리처즈(Peters and Richards
1998)는 제2차 세계대전에 참여한 유대인 아동, 시에라리온 내
전 때의 아동, 1980~1988년간 있었던 이란-이라크 전쟁에서
이란인 소년병사 등 다양한 사례연구를 통해, 어린이는 투쟁
상황에 참여할지 말지를 두고 제대로 된 합리적 결정을 내릴
능력이 있다고 주장한다. 이들 연구에서는 아동 모집으로 이
어지는 여러 요인을 고려하는 것이 중요하다는 점을 강조했다.
어떤 경우에는 강제 징집이 될 수 있고 또 어떤 경우에는 자발
적이 될 수도 있다는 것이다.

　이 책은 두 번째 접근법을 바탕으로 삼아, 아동병사에 관한
어떠한 설명에서든 수행성, 사회문화적 맥락, 성별 차원 등 아
동병사의 생활세계를 구성하는 다양한 요인을 고려해야 한다
고 주장하려고 한다. 다양한 요인을 다루면서 아동병사의 '사
회적 생태계'를 조명하고, 투쟁 지역 어린이를 위한 지원 네트

워크를 만들고 교육 및 취업 기회를 넓힐 때 문화에 세심하게
주의를 기울이며 개입해야 한다는 말이다.

맥락특정적 이론틀

이 책은 마오쩌둥주의 아동병사와 그들의 수행성을 세밀하
게 이해하기 위해 맥락특정적 분석틀을 따른다. 이 분석틀은
마크 프레이저(Fraser 2004)가 마오쩌둥주의 반란과 정부의 대반
란 소탕 활동이라는 맥락 속 아디바시 어린이들의 일상세계를
구성하는 사회적·환경적 요인의 역할을 강조하며 내놓은 사회
생태적 틀을 바탕으로 삼는다. 따라서 마오쩌둥주의 운동에 가
담하는 아디바시 어린이와 관련된 요인들을 이해할 때 맥락을
중요하게 고려한다. 보이든·만(Boyden and Mann 2005)이 주장하는
바와 같이 나이 어린 사람들이 역경을 인식, 경험하고 그에 대
처하는 데는 구조적·정치적 요인이 중요한 역할을 한다. 따라
서 아디바시가 경험하는 반란과 정부의 대반란 소탕 활동을 이
해하려면 그들의 정체성, 그들이 겪은 소외의 역사, 그들의 교
육과 취업 문제를 더 깊이 탐구해 들어가는 것이 매우 중요하
다. 나아가 사회생태적 접근법을 활용하면 연령이나 아동기 같
은 범주를 더 맥락특정적으로 이해할 수 있다. 예를 들면 청년

이라는 범주를 정의할 때 엉거 외(Ungar et al 2005)는 그것을 고정된 연령집단보다는 문화에 따라 달라지는 과도기적 발달단계로 보는 쪽에 더 무게를 둔다. 나아가 이 틀에서는 마오쩌둥주의 운동 속 어린이들의 성별, 교육수준, 연령 차이에 더 세심하게 주의를 기울임으로써 그들을 균질한 집단으로 보지 않을 수 있는 여지를 얻는다. 이 분석틀에서는 시간이 지나면서 어린이의 인식이 바뀌는 점에 관심을 기울인다. 그들 중 일부는 어느 단계에서 마오쩌둥주의 운동에 가담했으나 나중에 거리를 둘 수도 있는 것이다. 끝으로, 사회생태적 분석틀을 사용함으로써 본 연구에서 마오쩌둥주의 아동병사 문제를 다루기 위해 문화적으로 세심하고 효과적인 전략을 개발할 수 있게 된다. 본 연구에서는 아동병사의 '사회적 생태'를 조명하고, 지원 네트워크와 교육 및 취업 기회를 넓히기 위한 개입을 구상한다.

3

마오쩌뚱주의 아동병사: 사회경제적 맥락

마오쩌뚱주의 아동병사의 생활세계를 온전히 총체적으로 이해하려면 마오쩌뚱주의 운동이 일어나고 어린이들이 게릴라 대열에 가담하게 되는 그 정치적·사회경제적 맥락을 이해하는 것이 필수적이다. 따라서 이 장에서는 먼저 마오쩌뚱주의 운동 자체에 대해 살펴보고, 또 이어서 인도에서 마오쩌뚱주의 게릴라 운동이 뿌리를 내리고 있는 이유를 들여다보려고 한다.

마오쩌뚱주의 운동의 등장과 확장

인도에서 마오쩌뚱주의 운동은 1967년 서벵골의 낙살바리에서 일어난 농민봉기에서 시작됐다. 따라서 이것을 낙살바리파 운동이라고도 부르고 마오쩌뚱주의자를 대개 '낙살바리파'라고도 부른다. 이 운동에서는 마르크스주의, 레닌주의, 마오쩌뚱주의 이념을 고수하고 무장혁명을 통해 국가권력을 장악하는 것을 목표로 삼는다. 이 운동은 스스로 마오쩌뚱주의 운동이라 부르는데, 무엇보다도 마오쩌뚱이 주창한 농민혁명 전략·전술을 바탕으로 하고 있기 때문이다. 1920년대와 1930년대 중국이 그랬듯이 인도 역시 농업 사회다. 인구의 80퍼센트 이상이 농촌 지역에서 농업에 의지하여 살아간다. 중국에서와 마찬가지로 마오쩌뚱주의자들이 인도에서 구상하는 무장혁명은 농민 공동체에 초점을 맞추고 있다. 1970년대 초 일부 농촌 지역의 가난한 소작 농민 사이에서 마오쩌뚱주의 운동이 급속도로 퍼져나가기는 했지만 이내 인도 정부에 의해 진압됐다. 또한 이념 차이와 분열을 겪기도 했다. 하지만 2000년대 초에 상대적으로 규모가 큰 세 마오쩌뚱주의 진영이 모여 2004년 인도공산당(마오쩌뚱주의)을 결성하면서 세력을 재규합했다. 그때부터 마오쩌뚱주의 운동은 특히 차티스가르, 오디샤, 벵골, 비하르, 자르칸드 등 여러 주에서 강한 존재감을 발휘하고 있다. 2006년에는 인도의 602개 현 중 200개가 넘는 지역에서 마오쩌뚱주의 운동이 뿌리를 내리고 있었다. 당시 인도 총리 만모한 싱은 이 운동이 급속도로 퍼지면서 인도 농촌 지역에 영향을 주고 있다는 점을 인식하고, 2006년에 이 반란을 두고 "이 나라가 이제껏 처했던 것 중 단연 최대의 국내 안보 문제"라고 묘사했다(MHA 2006: 24). 인도 정부는 2008년 마오쩌뚱주의자들에 맞서는 총력전을 선언하며 마오쩌뚱주의자들을 삼림 밖으로 몰아내기 위해 녹색사냥작전이라는 이름의 대규모 군사 토벌작전을 벌였다. 그 결과 마오쩌뚱주의 운동은 정부군의 대반란 소탕작전 때문에 커다란 손실을 입었다. 그럼에도 게릴라들은 여전히 175개 현에서 활동하고 있다. 마오쩌뚱주의 운동의 인민해방유격대에 9000명 정도의 전투원이 소속되어 있고, 운동이 강세를 보이는 지역의 민병대원은 5만 명을 넘는다. 인도 정부는 마오쩌뚱주의 지역에 15만 명 이상의 병력을 집중 배치했다. 인도 중부와 동부의 농촌 및 삼림 지대에서 치열한 내전이 벌어지고 있고, 그 여파로 빈민 수천 명이 극심한 고통을 겪고 있다.

자세히 살펴볼 필요가 있는 중요한 질문이 몇 가지 있다. 민주국가 안에서 무장혁명을 부르짖는 마오쩌뚱주의 운동이 근절되지 않고 성장하고 있는 이유는 무엇인가? 인도 농촌의 특정 지역 및 공동체가 마오쩌뚱주의자들이 어린이를 포함하여 자기네 요원을 모집하기 위한 온상이 된 이유는 무엇인가? 소련이 붕괴한 뒤 공산주의 낙원이라는 관념 자체가 크게 타격을 받은 만큼 이것은 어떤 면에서 시대착오적이다. 중국에서조차 정부는 마오쩌둥주의 이념으로부터 점점 더 거리를 두고 있다. 그러나 인도에서 마오쩌둥주의 운동은 다수의 농촌 빈민에게 여전히 매력을 발휘하고 있다. 왜 그럴까? 아마도 그들이 경험한 소외와 착취의 역사와 밀접하게 연관돼 있을 것이다.

달리트와 아디바시: 저개발의 폭력과 개발의 폭력

마오쩌둥주의 운동은 주로 달리트(과거의 '불가촉천민')와 아디바시(토착민) 공동체의 지지를 받고 있다. 이들은 인도 전체 인구 중 역사적으로 가장 소외되고 착취당한 집단이다. 인도 인구의 17퍼센트 가까이를 차지하는 달리트는 카스트 체제에서 버림받은 사람들이다. 카스트 체제란 기본적으로 힌두교의 청결과 불결 관념을 바탕으로 계층 간에 계급을 부여한 체제를 말한다. 카스트 계급의 제일 꼭대기를 차지하는 브라만은 가장 '청결'한 것으로 간주되는 한편, 최하층으로서 '버림받은 계층'이자 '불가촉천민' 취급을 받는 계급은 '가장 덜 청결'하다 (Dumont 1971; Kunnath 2020). 달리트는 전통적으로 직업에 따라 구분되는 네 가지 카스트 계급에 들어가지 않는다. 카스트 계급에서 제일 꼭대기를 차지하는 브라만은 일반적으로 경전학자

였고 사제직을 수행했다. 두 번째 계급은 크샤트리아로서 무사
계층이자 통치자였다. 카스트 체제의 세 번째 계급인 바이샤는
상공업에 관여했다. 이 세 계급은 전통적으로 '두 번 태어난' 카
스트라 불렸으며, '거룩한 실'을 몸에 걸칠 권리를 주장했다. 이
세 카스트에 속하는 남성은 종교적 입문의례를 통해 거룩한 실
을 걸칠 권리를 물려받는다. 이 세 카스트는 일반적으로 '상위
카스트' 또는 '상류 카스트'로 간주된다. 이 아래에는 수드라 카
스트가 있는데, 이들은 상위 카스트를 위해 여러 가지 일을 하
고 농사에 관여했다.

'불가촉천민'은 네 가지 계급으로 이루어진 이 카스트 체제
에 들어가지 않는다. 이들은 오물 수거, 하수도와 화장실 청소,
동물 시체 처리, 시신 화장 등 사회적으로 천한 일을 해야 했
다. 역사적으로 이들을 가리키는 호칭에는 아치추트, 아스파르
시아, 찬달라 등 여러 가지가 있었는데, 이런 모든 범주가 이들
이 지닌 '불가촉천민'이라는 정체성을 강화하는 역할을 했다.
영국 식민지 시대 동안 통치자들은 이들 공동체를 가리켜 피억
압계층이라는 범주를 도입했다. 마하트마 간디는 이들을 하리
잔(신의 백성)이라 불렀다. 인도 헌법에서는 이들을 지정카스트
라 지칭한다(Shah 2001). 이것은 모두 인도 카스트 체제에서 '버
림받은 계층'에게 붙는 꼬리표 중 몇 가지에 지나지 않는다. 이

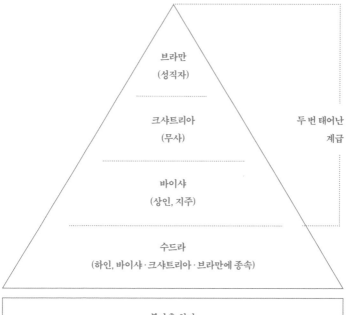

브라만
(성직자)

크샤트리아
(무사)

두 번 태어난
계급

바이샤
(상인, 지주)

수드라
(하인, 바이샤·크샤트리아·브라만에 종속)

불가촉 천민
또는 버림받은 계층 또는 모두의 하인
(구두장이, 거리 청소부, 화장실 청소부)

런 범주 이면에는 사회적 낙인과 편견이 자리 잡고 있다. 그렇지만 달리트는 이 공동체의 정치활동가들이 스스로 택한 용어이다. 어원으로 볼 때 이 용어는 '부수다, 쪼개다, 짓뭉개다'는 뜻의 산스크리트어 달(드리)에서 파생됐다. 이는 그들의 경험과 소외를 묘사하는 이름이며, 따라서 억압받는 민중이라는 정체성을 표방하는 집단적 주장이다. 이 용어는 달리트 공동체의 투사들이 1970년대에 미국의 검은표범당을 본받아 스스로 '달리트표범'이라는 이름을 택하면서 널리 알려졌다(Zelliot 2001).

1947년 인도가 독립한 때로부터 수십 년이나 지났는데도 달리트는 아디바시와 함께 사회경제적으로 가장 불리한 조건에 놓인 공동체에 속한다. 달리트 중 소작농으로서 상위 카스트 지주가 소유하는 토지에서 일하며 생계를 꾸리는 인구는 80퍼센트가 넘는다. 이들은 여러 차원에서 소외를 받는다. 달리트 중 생활수준이 인도 정부가 공식적으로 정한 빈곤선에 미치지 못하는 인구는 40퍼센트가 넘는다. 이들의 문맹률은 대단히 높아, 이들 중 글을 읽을 수 있는 사람은 30퍼센트에 지나지 않는다. 달리트 공동체 중 보건시설을 이용할 수 없는 공동체의 비중도 크다(Guha 2007). 달리트들은 지금까지도 사회적으로 배제당하고 차별당하고 있다. 마오쩌뚱주의 운동은 처음 태동기 때부터 인도 여기저기에서 달리트 계층의 해방을 중요한 대의로 삼았다. 예를 들어 비하르주에서는 마오쩌뚱주의자들이 달리트 계층을 조직하여 '불가촉'이 야기하는 다양한 형태의 차별과 상위 카스트 남성의 달리트 여성에 대한 성폭력에 맞서게 했다. 또 여러 마을에서 상위 카스트 지주들로부터 토지를 몰수하여 토지가 없는 빈민에게 재분배했다. 마오쩌뚱주의 운동은 또 농업 노동자들의 임금을 올리는 데도 성공했다(Kunnath 2017). 오늘날에는 사회적 배척의 강도와 범위가 줄어들기는 했지만 달리트는 여전히 인도에서 가장 주변화된 공동체에 속한다. 그런 만큼 여러 주에서 이들이 여전히 인도 마오쩌뚱주의 운동의 지지기반을 이루고 있는 것은 놀랄 일이 아니다.

달리트와 마찬가지로 아디바시 역시 저개발과 소외의 희생양이었다. 인도에서 토착민 또는 부족민 출신 인구는 전체의 8퍼센트가 넘어 거의 9000만 명이나 된다. 헌법에서는 이들을 지정부족이라 부른다. 이들 부족민은 인도 북동부 지역에 약 2000만 명이 몰려 있고 그 나머지 지역에 7000만 명이 살고 있다. 아디바시라는 용어는 일반적으로 후자의 7000만 명을 가리킨다. 이들은 대부분 인도 동부와 중부 고원 삼림 지대에서 살고 있는데 이들 지역이 마오쩌뚱주의 반란과 정부의 대반란 소탕 활동이 주로 일어나는 중심지가 됐다. 여러 가지 개발지표를 보면 아디바시는 인도에서 사회경제적으로 가장 불리한 조건에 놓인 인구집단이다. 달리트보다 더 심하다. 아디바시 인구의 거의 절반(49.5퍼센트)이 인도 정부가 정한 빈곤선 지표 밑에서 생활하고 있다. 이들 중 글을 읽을 수 있는 사람의 비율은 지극히 낮아 아디바시 인구의 23.8퍼센트에 지나지 않는다. 또 28퍼센트만 보건시설을 이용할 수 있다(Guha 2007).

이런 저개발 상황은 개발 때문에 더욱 악화됐다. 공장, 수력발전소, 경제특구, 광산사업 등을 비롯하여 정부와 민간이 시행하는 다양한 개발사업이 아디바시가 살고 있는 삼림 지대에서 진행되고 있다. 이들은 이런 개발사업을 위해 살던 곳으로부터 쫓겨났다. 나아가 정부에서 삼림 지역에 국립공원과 동물보호구역을 설정하고 삼림보존 정책을 시행했기 때문에 생계와 이동에 극심한 제약을 받고 있다. 인도가 독립한 이후로 살고 있던 땅으로부터 내몰린 사람은 3800만 명이 넘고 그중 토착민 공동체에 속한 사람이 절반을 넘는 것으로 추산된다 (Baviskar 1995). 데이비드 하비는 이것을 '수탈에 의한 축적'·'생산자를 생산수단으로부터 분리하는 역사적 과정'이라 부른다 (Harvey 2003: 158). 땅과 생계수단을 잃어버린 만큼 이 인구의 대부분은 한때 독립국 인도의 초대 총리 자와할랄 네루가 '현대성(modernity)의 성전'이라 일컬은 공장과 수력발전소에서 일용직 노동자로 일하는 신세가 됐다. 이처럼 저개발과 개발 양측 모두에 기인하는 극도의 소외 때문에 마오쩌둥주의 게릴라들은 인도 정부를 거의 믿지 않는 달리트와 아디바시 공동체 사이에서 거점을 마련하고 확산될 수 있었다. 달리트와 아디바시의 남자, 여자, 어린이 수백 명이 마오쩌둥주의 운동의 주요 지지기반이 됐다.

마오쩌둥주의 아동병사

어린이 동지들: 목소리 되살리기

앞에서 언급한 것처럼 2500명이 넘는 어린이가 마오쩌둥주의 운동에서 '아동병사'로 활동하고 있고 그 대부분은 달리트와 아디바시 공동체 출신이다. 이 장에서 나는 이들의 목소리에 우선권을 부여하여, 이들이 마오쩌둥주의 운동과 관련하여 자신의 경험과 생각을 어떻게 표현하는지에 초점을 맞추려고 한다. 그러는 과정에서 희생자나 악당 또는 영웅이라는 널리 유포된 스테레오타입(전형적) 이미지들에서 종종 뭉뚱그려지고 은폐되는 그들의 수행성을 재확인하고자 한다. 이 주제에 관해 인도에서 혹은 국제적으로 형성되어 온 다양한 담론은 인도주의적 관심에서 비롯된 것이 분명하다. 어린이는 미성숙하여 정치적으로 합리적 결정을 내릴 능력이 없다고 간주하는 한 어떤 논의들도 무장투쟁에 관여하는 어린이의 수행성을 충분히 고려하기 어렵다. 이 글에서 내가 아동병사보다 '어린이 동지(comrades)'라는 용어를 사용하고 있는 것도 바로 어린이의 목소리를 수용한 결과다. 내가 크란티푸르에서 만난 어린이들은 자신을 소개할 때나 서로를 부를 때 '동지'라 불렀다. 이 장의 후반부에서 어린이들이 참여하는 활동을 다룰 때 이 '아동병사'라는 범주를 모든 맥락에 포괄적으로 적용할 때의 한계점에 대해 조금 더 자세히 설명할 것이다. 이 장은 내가 장기간에 걸쳐 민족지 현장연구를 수행한 크란티푸르 마을에서 마오쩌둥주의 운동에 속해 있는 어린이들의 목소리를 담고 있다. 어린이들의 목소리에 중점을 두는 한편으로 모집 문제, 어린이 자신이 말하는 이 운동에 가담하고 머무르고 떠난 이유, 그들이 참여한 활동, 그들의 이념 이해 등의 문제를 다룬다. 또 어린이의 마오쩌둥주의 운동 관여에 대한 마오쩌둥주의 지도자들의 관점도 살펴본다.

모집 방식

아동병사에 관한 담론은 일차적으로 어린이가 게릴라에게 강제로 모집된다는 점을 강조한다. 하지만 적어도 지난 30년 동안 마오쩌둥주의 운동이 활발히 일어나고 있던 크란티푸르에서 나는 강제 모집의 증거를 전혀 발견하지 못했다. 붉은 수도라는 별명이 붙은 크란티푸르는 자르칸드주에서 마오쩌뚱주의 게릴라가 내내 강세를 띤 지역이다. 처음에 게릴라들은 1990년대에 중부 비하르주의 평원으로부터 자르칸드주 삼림 지역 마을로 들어갔다. 그들은 이곳의 아디바시와 달리트 주민을 착취하고 있던 삼림감시대를 몰아내고, 크란티푸르를 인도 정부의 통제로부터 '해방'시키겠다는 목표로 이 지역을 게릴라 구역으로 삼았다. 그들은 현지 요인 다수를 게릴라 조직에 가담시켜 게릴라와 주민 사이에 익숙하고 친밀한 느낌을 조성하면서 이 삼림 지역의 사회적 생태계에 뿌리를 내렸다. 어린이들은 자신의 자유의지로 이 운동에 가담했고, 그들에게 운동은 집과 같은 안식처가 됐다. 어린이들이 가담한 이유로 여러 가지를 꼽지만, 강제 모집은 거기 속하지 않는다.

카스투리의 이야기로 돌아가보자. 그녀는 자신의 결혼을 위한 아버지의 계획에 반기를 들고 가출했다. 어떤 이웃들은 카스투리가 마오쩌뚱주의 운동에 가담한 남자아이를 사랑하기 때문에 운동에 가담했다고 말했다. 그러나 나와 직접 대화했을 때 그녀는 연애 이야기는 조금도 꺼내지 않았다. 그녀는 결혼할 준비가 되어 있지 않은 15세 때 아버지가 자기에게 물어보지도 않고 결혼을 주선했고, 자신은 그 압력에 고분고분 복종

하기를 거부했다고 말했다. 항의를 표현할 수 있는 가장 효과적인 방법은 마오쩌뚱주의 운동에 가담하는 것이었다. 그곳에서 그녀는 자유와 배움의 기회를 얻었고, 배경이 다른 사람들과 어울릴 수 있었으며, 공동체의 일에 관여할 수 있었고, 무엇보다 안전하다고 느꼈다.

　카스투리는 애정 문제 때문에 운동에 가담했다고 인정하지 않은 반면, 16세 무슬림 소녀인 구리아는 마오쩌뚱주의 운동에 가담한 어느 무슬림 소년을 사랑하고 있다고 털어놓았다. 그녀의 가족은 둘의 관계를 격렬히 반대하면서 부모가 점지한 다른 사람과 결혼하도록 강요했다. 그래서 그녀 역시 소년을 따라 게릴라 운동에 들어왔다. 부모가 정한 중매결혼으로부터 도망친다거나 연인을 따라 운동에 합류하는 것이 소녀들이 마오쩌뚱주의 운동에 가담하는 이유로 종종 언급되기는 하지만 그것이 본질이라고 생각해서는 안 된다. 실제로 이 소녀들은 자신의 수행성을 표출하고 있는 것이고 자신의 목소리가 제대로 인정되지 않는 사회구조에 항거하고 있는 것이다. 마르크스주의나 레닌주의, 마오쩌뚱주의, 공산주의 사회라는 이념이 이 소녀들이 운동에 가담하는 주된 동기는 아닐지도 모른다. 그러나 운동 안에서 이들은 자유와 자기표현과 평등주의(egalitarianism)를 용인하는 새로운 삶의 방식을 보았다.

나는 붉은 수도에서 지내는 동안 이들 말고도 이런저런 이유로 집을 나와 마오쩌둥주의 운동 안에서 시간을 보내는 수많은 소년소녀들을 만났다. 연인을 따라 운동에 가담한 이들도, 집안 형편이 힘들어 어쩔 수 없이 운동에서 또 하나의 안식처를 찾은 이들도, 학교에 가고 싶은 마음이 없어 운동 안으로 달아난 이들도 있었다. 또 특히 이웃이나 친척과 벌어진 토지분쟁과 관련하여 생긴 불만을 해결하기 위해 마오쩌둥주의자들의 도움을 받을 수 있으리라는 생각에 찾아온 사람들도 있었다. 나는 또 마오쩌둥주의 분대를 재미라든가 두니아데크네, 즉 세상 견문에 알맞은 곳으로 생각하는 어린이도 얼마간 만날 수 있었다.

떠나는 것도 머무르는 것도 자유

인도주의 담론에서는 '희생자' 이론을 통해 아동병사가 자신의 의지에 반해 강제로 붙잡혀 있다고 주장한다. 크란티푸르에서는 이 주장에 동의하는 사람이 아무도 없었다. 어린이가 떠나는 것도 머무르는 것도 자유였다. 일부는 떠났다가 돌아왔다. 유달리 더웠던 2009년 여름에는 9세 소녀 한 명을 말 그대로 집으로 돌려보내야 했다. 그 지역의 마오쩌둥주의 지도자는 내게 어린이들이 숲속에서 이동하면서 열사병에 걸릴 위험이 있기 때문에 그렇게 할 수밖에 없다고 했다. 그 소녀는 집으로 돌아간 뒤 언제 다시 운동으로 되돌아올 수 있을지 계속 물었다. 카스투리도 집으로 돌아가 아버지가 정해둔 바로 그 사람과 결혼했다. 카스투리가 돌아갔을 때 아버지는 딸이 '자신의 혁명'을 완수했다고 농담을 건넸다. 그러자 카스투리는 마오쩌둥주의 정책이 마음에 들지 않아서가 아니라, 자기보다 서너 살 위인 자기 분대의 소녀 분대장이 터무니없는 요구로 소녀들을 힘들게 할 뿐 아니라 그날그날의 식량을 주지 않아 집으로 돌아왔다고 받아쳤다.

어린이는 운동에 찾아오는 것도 머무르는 것도 떠나는 것도 마음대로였다. 나는 어느 정도 시간이 지나면서 색다른 느낌이 사라지자 집으로 돌아가는 쪽을 택하는 카스투리 같은 어린이를 여럿 만났다. 이들은 떠난다고 당 지도자들에게 알리기만 하면 됐다. 몇 번은 부모가 게릴라 분대장을 찾아와 자기 자식을 운동에 가담시키는 것도 보았다. 또 몇 번은 부모가 찾아와 아들이나 딸을 집으로 데려가려 할 때 어린이가 부모를 따라 집으로 돌아가고 싶어 하지 않는 일도 있었다. 이들은 운동에 계속 머무르고 싶어 했다. 나는 강제로 모집하거나 강제로 머무르게 하는 경우를 한 번도 보지 못했다.

운동에서 계속 머무르고 있는 어린이들은 마오쩌둥주의 이념과 정치와 전술을 갈수록 더 많이 이해했다. 현장연구를 하는 동안 나는 청년 여성과 남성 들을 많이 만났는데, 그중에는 어린 시절에 운동에 가담하여 지금은 운동의 지도자 지위를 차지하고 있는 사람이 다수 있다. 그중 일부는 운동 내에서 섬세하고 헌신적인 훌륭한 청년으로 자라났다. 나는 어린 시절 운동에 가담한 지역 게릴라 분대장, 소대장, 중대장을 다수 만났다. 그리고 마오쩌둥주의 조직의 중앙위원회 위원으로서 존경과 사랑을 듬뿍 받는 실라 디디(디디는 언니라는 뜻)라는 사람은 어린 소녀일 때 운동에 가담했다는 이야기를 들었다. 그녀는 운동 안에서 읽고 쓰는 법을 익혔고 지도자의 자질을 키웠다. 그람시의 용어로 말하자면 이 운동은 종종 아디바시와 달리트 공동체에 속하는 유기적 지식인의 성장을 위한 온상 역할을 했다(Kunnath 2006).

마오쩌둥주의 지도자들은 발상흐(아동분대)에 가담하는 어린이 중에는 잠시 머문 뒤 운동을 떠나거나 집으로 돌아가는 어린이가 많이 있다는 것을 알고 있다. 지도자들은 어린이가 운동 안에서 머물면서 성장하면 좋겠다고 말했다. 그러나 어린이가 떠나기로 결정한다 해도 반대하지는 않는다. 매우 많은 어린이들이 운동 안에서 살았다는 긍정적 경험을 지닌 채 떠나기 때문이다. 이들은 마을이나 그 밖의 장소로 돌아가서 운동이 잘되기를 바라는 후원자로 남는다. 마오쩌뚱주의 분대가 그들의 마을을 지나갈 때면 한때 운동에 가담했던 이 어린이들이 여러 집에서 게릴라를 위해 음식을 준비하고, 마을 주민들에게 모임이 있다는 것을 알리고, 연락책 역할 등을 맡는 경우가 많다.

카스투리의 말에서 위에서 말한 내용이 재확인된다. 나는 카스투리가 결혼한 몇 달 뒤 그녀를 다시 만났다. 나는 남편의 마을에서도 크란티푸르에서처럼 마오쩌뚱주의 운동이 큰 영향력을 지니고 있는지 물었다. 카스투리는 남편의 마을에서는 마오쩌뚱주의 분대가 붉은 수도에서처럼 자주 나타나지는 않는다고 했다. 그러나 그들이 마을을 지나갈 때마다 카스투리는 그들을 만나고 음식을 마련해주었다. 그녀는 운동에서 배운 가치를 실행하려 노력한다고 했다. 남편의 잡화점을 지키는 때가 많은데 그럴 때 손님을 공정하게 대하려 노력한다. 그녀는 마오쩌뚱주의 운동에 대해 일부 마을 사람들이 품고 있는 오해를 풀어준다. 카스투리는 일부 사람들은 마오쩌뚱주의 조직 내에서 여성은 성폭력을 당하거나 학대받는다고 잘못 생각한다고 했다. 그런 사람들에게 운동 안에서 여성은 품위와 존중으로 대우받는다고 설명해주었다.

붉은 수도에서 장기간 현장연구를 진행하는 동안 나는 운동 안에서 소년이나 소녀가 어른에게 성폭력을 당했다는 이야기를 한 번도 들어보지 못했다. 어린이와 여성은 운동 안에서 매우 안전하다고 느꼈다. 운동에서는 필요한 모든 것을 모두에게 제공했다. 그들에게 운동은 제 집과 같은 안식처였고, 떠나온 집보다 훨씬 더 나은 안식처가 되는 때도 많았다. 운동에서 나이가 더 많은 대원들은 그들의 디디(언니, 누나), 다다(형, 오빠), 차차/마마(삼촌) 등이었다. 어른에게도 종종 그렇듯 어린이에게 운동은 확장된 가족이었다.

가난과 학대로부터 탈출

카스투리의 남동생 시브람 역시 16살 때 마오쩌뚱주의 운동에 잠시 동안 가담한 적이 있었다. 그 역시 가출했다. 나는 이 일에 관해 시브람과 대화를 나누었다. 그는 이마의 흉터를 보여주면서 어릴 때 생긴 것이라고 했다. 시브람은 내가 마을에서 현장연구를 수행하고 있던 그때 자기 남동생과 마찬가지로 가게에서 아버지를 돕곤 했다. 어느 날 우유가 담긴 주전자를 실수로 엎었다. 아버지는 너무나 화가 치밀어 우유가 담겨 있던 바로 그 쇠주전자를 가지고 시브람을 때렸다. 피가 얼굴을

타고 줄줄 흘러내렸다. 그는 아무에게도 말하지 않고 밤중에 몰래 집을 나왔다. 그리고 어느 마오쩌뚱주의 분대를 찾아가 그들과 함께 다른 지역으로 이동했다. 여섯 달이 지나서야 가족은 그가 마오쩌뚱주의자들과 함께 지낸다는 것을 알게 됐다. 시브람은 마오쩌뚱주의 분대와 1년 동안 함께 지냈다.

자르칸드 농촌 지역에서 어린이 특히 소녀들은 고된 상황에서 생활한다. 크란티푸르에서 내가 머물던 집의 가족 중 9세 소녀 소니가 그 좋은 예다. 소니는 외가에서 살았다. 어머니는 첫 번째 남편이 그녀를 떠난 뒤로 재혼했다. 어머니는 이제 재혼해서 낳은 아이들과 남편과 함께 다른 마을에서 살고 있었다. 한지붕 밑에서 지냈으므로 나는 외갓집에서 살아가는 소니의 일상을 볼 수 있는 기회가 매우 많았다. 그녀의 하루는 오전 5시에 나니(할머니)로부터 뺨을 몇 차례 맞는 것으로 시작됐다. 일종의 기상신호였다. 일어나자마자 집안일에 달려들었다. 전날 밤에 사용한 접시를 설거지하고, 집안을 청소하고, 외양간에서 소똥을 치우고, 물을 길어오고……. 학교는 거의 가지 않았다. 아홉 살인데도 여전히 1학년이었다. 수업을 들어야 할 시간에 염소를 몰고 나가 풀을 뜯게 해야 했다. 혹독한 겨울이나 타는 듯한 여름에도 소니는 일을 계속해야만 했다. 공식적인 나이는 이곳에서 아무 의미가 없었다. 소니는 맡은 일과 책임이 가족 내 어른들보다 많았다. 소니가 어느 날 가출하여 마오쩌둥주의 운동을 찾아가 피신하기로 한다 해도 놀랍지 않을 것이다.

또 12세 정도 나이인 릴라 이야기도 있다. 어머니가 죽었고 아버지는 일을 찾아 마을을 떠났다. 릴라는 삼촌 집으로 보내졌다. 삼촌 집에서는 사촌언니의 결혼을 위한 중매가 진행되고 있었는데 사촌언니 본인은 결혼을 하고 싶지 않았다. 둘은 마오쩌둥주의 운동으로 달아나기로 결심하고 실행에 옮겼다. 사촌언니는 그다지 오래 머무르지 않고 집으로 돌아갔다. 그러나 릴라는 삼촌 집의 고되고 단조로운 일과로 돌아가고 싶은 생각이 없었으므로 계속 머물렀다. 그녀는 커다란 관심과 열의를 가지고 아동분대의 문화활동에 참여했다. 릴라는 다른 소녀들이 입는 사리나 살바르쿠르타를 입고 싶지 않았다. 셔츠와 바지를 더 좋아했고 무기를 휴대하고 싶었다. 릴라는 집을 떠나 있는 생활을 즐겼고, 마오쩌둥주의 분대의 언니들과 함께 지내며 그들로부터 배울 기회를 소중히 생각했다. 며칠 뒤 릴라의 사촌동생이 찾아와 운동에 가담했다. 사촌동생은 겨우 일곱 살이었고, 마오쩌둥주의 운동을 찾아와 피신했을 때 교복 차림이었다. 사촌동생 역시 어머니가 죽었고 아버지는 아이들을 마구 때리고 있었다. 릴라는 그 전에도 이 사촌동생이 찾아온 적이 있다고 했다. 그러나 그때는 아버지가 찾아와 데리고 돌아갔다. 다시 운동에 가담한 이번에는 돌아갈 생각이 전혀 없었다.

운동 안의 출생

부모가 모두 게릴라이기 때문에 마오쩌뚱주의 운동 안에서 태어나는 어린이 동지도 있다. 어떤 경우에는 부모 중 한쪽이 운동에 가담해 있을 때 어머니를 따를지 아버지를 따를지를 어린이가 결정한다. 한번은 연구차 게릴라 지역으로 들어갔을 때 12세 소년 비핀을 만났다. 비핀의 아버지는 마오쩌뚱주의 소대의 소대장이었다. 게릴라 소대는 잘 무장한 게릴라 30명 정도로 편성된 부대다. 비핀은 소대원으로서 아버지와 함께 지내고 있었다. 5학년 공부까지 마친 상태였다. 비핀은 마오쩌뚱주의 서적을 읽으며 시간을 많이 보냈다. 비핀은 내가 만난 아동 모두를 통틀어 인도의 마오쩌뚱주의 운동과 그 분열 및 통합의 역사를 폭넓게 이해하고 있는 유일한 어린이 동지였다. 다른 어린이 동지들과는 달리 전투에 참여한 경험도 꽤 있었다. 소대가 보안군과 전투를 벌이는 동안 아버지 곁에 있었다고 말했다. 비핀은 마을 주민들 사이에서 마오쩌뚱주의 투쟁에 대한 인식을 퍼트리기 위해 혁명가를 활용하는 등 마오쩌뚱주의 운동의 문화전선에서 매우 활발히 활동했다.

나중에 어느 나이 많은 마오쩌뚱주의 지도자가 내게 비하르주와 자르칸드주에 접해 있는 게릴라 지역에서는 세 세대가 함께 마오쩌뚱주의 운동에 가담하는 가족이 다수 있다는 이야기를 들려주었다. 그는 나이 많은 지도자들과 그 아들들이 운동에서 활동하고 있는 예를 몇 가지 들려주었다.

폭넓은 활동에 참여

비핀의 이야기는 예외에 속한다. 크란티푸르의 어린이 동지는 무기를 휴대하거나 전투에 참여하거나 무기 사용법 훈련을 받는 일이 거의 없었다. 심지어 게릴라 복장을 하지도 않았다. 내가 보았을 때 이들은 대체로 교복 차림을 하고 있었다. 아동분대는 '이동식 학교' 같은 역할을 하는 때가 많았다. 어린이의 일과는 일반적으로 아침 5시 정도에 일어나, 7시까지 준비와 식사를 마쳤다. 아침식사에는 대개 삶은 병아리콩과 비스킷이 포함돼 있었다. 그런 다음 오전 7시 30분부터 체육활동을 시작했다. 오전 8시부터 11시까지는 공부 시간이었다. 학교에서 어느 정도 공부한 어린이는 학교에 갈 기회가 없었던 어린이를 가르치기도 했다. 때로는 분대장이 교재를 큰 소리로 읽어주었다. 점심식사는 12시에 제공됐고, 그때부터 오후 2시까지는 자유시간이었다. 오후 일과는 주로 공부와 노래 등으로 채워졌다. 운동 안에서는 읽고 쓰기를 배우는 일이 중요한 부분을 차지했다. 날마다 서너 시간 이상씩 공부했다. 분대마다 한 사람이 분대원들의 교육을 챙길 책임을 맡고 있었다. 이들은 날마다 라디오로 뉴스 방송을 함께 듣고 신문을 읽고 토론했다. 각 분대는 대원들의 배움을 위해 마련된 자체 도서관을 운영했다.

오후 6시쯤 저녁식사를 했다. 어둑어둑해지면 어둠을 틈타 새로운 곳으로 가서 잠을 잤다. 어린이는 지역조직분대와 긴밀하게 활동하기 때문에 지역조직분대가 주둔하고 있는 지점과 가까운 곳에서 노숙하는 것이 보통이었다. 지역조직분대는 게릴라 12명에서 15명 정도로 구성됐고, 모든 마오쩌뚱주의 게릴라 지역에서 대중 동원과 풀뿌리 활동 임무를 맡고 있는 최소 단위였다. 지역조직분대 하나가 8~12개 마을에서 활동했다. 크란티푸르 지역에서는 지역조직분대 세 개가 활동했다. 이들은 경찰의 만행, 물가 인상, 광산 사업, 불충분한 보건 및 교육 시설에 항의하는 시위와 마을모임을 조직했다. 그리고 법률, 농민, 문화, 삼림, 스포츠, 노동자위원회와 여성위원회 등 마오쩌뚱주의에서 운영하는 여러 가지 마을 조직의 구성과 활동에

도움을 주었다. 지역조직분대는 또 더 상위의 마오쩌뚱주의 조직이 크란티푸르 삼림에서 게릴라 회의를 열고 훈련 활동을 할 수 있도록 병참 지원을 맡았다.

때로는 어린이 동지들이 지역조직분대와 긴밀하게 활동하며 이런 기능을 수행하기도 했다. 그리고 아동분대는 거의 대부분 지역조직분대와 같은 기능을 독자적으로 수행했다. 여기에는 마을 주민 모임을 주선하고, 3월 8일 국제여성의날, 12월 초 순교자주간, 닐람바르·피탐바르 형제, 싯후·칸후 형제, 비르사 문다 등 영국 식민지 시대에 저항군이 되어 싸운 아디바시 공동체의 유명 영웅들을 기념하여 이 지역에서 마오쩌뚱주의자들이 계획하는 여러 행사를 돕는 일이 포함된다.

나리묵티상흐(여성해방연합)의 소녀 동지들 역시 마을에서 금주운동을 벌였다. 부족민 지역에서는 술을 빚고 팔고 소비하는 일이 널리 퍼져 있다. 이 지역의 술로는 쌀을 발효시켜 빚는 하리아와, 마후아라는 이 지역 꽃을 증류하여 빚는 다루가 있다. 마오쩌뚱주의자들은 이 지역에서 여러 해 동안 금주운동을 벌여왔는데, 하리아와 다루를 즐겨 마시는 아디바시 사람들 사이에서는 이 운동이 그다지 환영받지 못하고 있다. 마오쩌뚱주의자들은 술을 팔고 마시는 행위로 인해 충돌과 가정폭력이 일어난다고 주장한다. 나리묵티상호의 소녀들은 이런 운동을 벌이는 임무를 맡고 있다. 나는 이 소녀들이 술을 빚고 보관하는 데 쓰이는 도자기를 부수는 것을 지켜본 적이 있다.

이 어린이들이 관여하는 다양한 활동으로 볼 때 이들을 '아동병사'라 부르는 것은 적절하다 하기 어렵다. '아동병사'에 대한 UN의 넓은 정의에서는 여기서 언급한 이런 활동만으로도 이들을 아동병사 범주에 넣을 수 있고 법률에 의해 범죄로 간주할 수 있다. 이런 맥락에서 이 정의 자체를 재고할 필요가 있다. 이들을 아동병사라 부르지 않고 '마오쩌둥주의 어린이 동지'라는 용어를 쓰는 이유도 그 때문이다.

위험 노출

어린이는 위험에 노출되어 있을까? 마오쩌둥주의 운동의 모든 사람은 특히 보안군으로부터 위험에 노출되어 있다. 그러나 위험 정도는 각기 다를 수 있다. 대개 어린이는 경찰과의 무장 교전에 절대 관여하지 않는다. 붉은 수도는 지형이 게릴라전에 유리하기 때문에 어린이뿐 아니라 다른 인원들도 상대적으로 안전하다. 보안군이 간혹 정찰을 위해 이 지역으로 왔을 때 그들은 대부분 현지의 중학교나 보건센터에 설치한 임시 막사 밖으로 나가지 않았다. 안쪽으로 멀리 떨어진 마을까지 위험을 무릅쓰고 들어가는 일은 거의 없었다. 자르칸드주 어디에서도 보안군과의 교전으로 어린이가 부상을 입거나 사망하는 사건은 한 번도 없었다. 나는 경찰과의 교전에 관여한 13~14세 소년 몇 명을 만난 일이 있다. 따라서 이런 교전 때 충격을 당할 잠재적 위험은 존재한다. 그러나 대부분의 경우 무기를 휴대하는 소년들도 마을 주민들을 조직하고, 모임을 진행하고, 지도자들의 숙소를 마련하는 등의 임무를 수행하는 지역조직분대에 속해 있다. 이들은 보안군과 어떤 경우에도 교전을 피하라는 당부를 받는다. 게릴라전에서 보안군과 싸우는 일은 무장이 더 잘된 소대나 중대가 맡는다. 그리고 소대나 중대에 들어가려면 나이가 16세를 넘겨야 한다. 마오쩌둥주의자들의 숙영지에서 보안군과 교전하는 경우 어린이 대원들은 지도자들과 함께 움직이면서 우수한 게릴라 전사들의 보호를 받으며 안전한 곳으로 후퇴한다. 나는 또 어린이에게 마을 주민들을 대상으로 폭력행위를 하도록 지시하는 사례를 한 번도 보지 못했다. 따라서 이들 어린이의 이야기는 세계의 다른 곳, 특히 아프리카의 아동병사가 들려주는 이야기와는 매우 다르다.

아동병사에 대한 지도부의 태도

나는 마오쩌둥주의 운동에 참여하는 어린이 문제에 대해 운동의 지도자들과 여러 차례 대화를 나누었다. 그들은 16세 미만인 사람은 누구도 인민해방유격대에 모집하지 않고 무기를 다루는 훈련도 시키지 않는 것이 규칙이라고 했다. 물론 비하르-자르칸드주 지역에서 이 문제와 관련하여 규칙이 지켜지지 않은 사례가 몇 번은 있었다고 인정했다. 그럼에도 불구하고 전반적으로 지도부는 16세 미만의 어린이가 운동에 들어오는 데 대해서는 반대하지 않았다. 마오쩌둥주의 조직에는 발상흐(아동분대)가 있는데 이것은 일종의 이동식 학교였다. 어린이는 발상흐에서 읽고 쓰기를 배우고 선전작업 목적으로 혁명가와 춤을 배워 공연했다. 이들은 한 번도 보안군이라든가 이 지역에서 활동하는 다른 무장세력과 무장 교전에 들어가지 않았다.

어느 중앙위원회 위원은 마오쩌둥주의자들이 어린이를 착취하거나 어린이의 아동기를 앗아간다는 언론 및 중산층의 공격을 근거 없는 비난이라며 마오쩌둥주의 운동의 발상흐를 옹호했다. 그는 자본주의 체제에서는 아동학대와 착취가 있지만 마오쩌둥주의 운동에서는 없다고 말했다. 그는 어린이가 학대받는 광고를 예로 들었다. 또 어린이에게 지나친 부담과 기대를 부과해 어린이의 성장과 복지에 악영향을 미치는 교육제도를 비판했다. 그는 이를 두고 어린이가 마오쩌뚱주의 운동에서 경험하는 그 어떤 것보다도 훨씬 더 큰 폭력이라고 말했다. 그리고 마오쩌뚱주의 운동 안의 어린이는 매우 민주적 방식에 따라 성장한다고 주장했다. 자유가 있고 자신을 표현할 공간이 있다는 것이었다. 그리고 '자르칸드주 농촌'이라는 맥락을 고려하면, 어린이는 종종 자기 가족과 함께 있을 때보다 운동 안에서 훨씬 더 잘 보살핌을 받는다는 점을 강조했다. 그는 어린이가 운동에 가담할 권리를 옹호했다. 그는 정부가 그들의 문간에 와서 전쟁을 벌이고 있다고 보았다. 따라서 그들은 정부군에 대항하여 자신의 생명과 재산을 보호하기 위해 운동에 가담할 권리가 있었다. 그가 볼 때 마오쩌뚱주의 운동은 그들의 투쟁을 대변하는 것이었다.

5

맺음말

　　　　　　　　마오쩌뚱주의 운동에 가담한 어린이를 맥락특정적으로 분석할수록 아동병사에 관한 국제적 담론의 문제가 드러나는데, 여기서 몇 가지로 정리해보겠다. 첫째로, '18세 철칙'을 바탕으로 하는 정의와 그에 따른 정책은 역사적 근거가 없으며, 비유럽의 맥락에서 살아가는 사람들의 현실을 부정한다는 점을 지적하고 싶다. 그것은 생물의학 이론의 발전에 따라 형성된 서양의 아동기 관념에 치우친 편견을 드러낸다 (Kemper 2005). 나이 기준으로 정의를 내릴 때는 보이든·레빈슨이 다음과 같이 강조한 것처럼 반드시 사회문화적, 경제적 요인을 고려해야 한다.

　　아동기의 경계를 정할 때 — 나이가 기준이 되는 경우는 거의 없지만 — 여러 가지 기준이 사용된다. 이런 기준에는 노동의 시작, 학교교육의 끝, 초경, 약혼, 결혼 등이 포함된다. 나아가 같은 사회 안이라도 다양한 사회계층에 속한 어린이들은 자신의 사회적·경제적 역할에 따라 각기 다른 단계에 성인기에 다다를 수 있다(Boyden and Levinson 2000: 28).

모슨(Mawson 2004: 226)은 누가 아동인지를 정의 내리는 일은 '인생사와 통과의례라는 맥락 속에서 개인, 가족 구성원, 또래집단, 그리고 더 넓은 공동체 사이에서 일어나는 절충 과정'이라고 지적한다. 나의 연구 지역에 있는 아디바시와 달리트 문화라는 맥락에서 아동기가 결정될 때 달력나이는 거의 아무런 중요성도 지니지 못했다. 어린이 스스로 마오쩌뚱주의 운동에 가담하거나 머무르거나 떠난다는 의식적 결정을 내릴 때는 다양한 요인이 작용했다.

둘째로 언급하고 싶은 것은 인도주의를 강조하는 논리가 지배담론으로 작용한다는 점이다. 그것은 공동체와 국가에 대한 진부한 주장을 지지하고 나아가 인종주의와 남북격차를 강화한다. 어린이를 희생자로 또는 악당으로 묘사하는 시각이 널리 퍼져 있으나, 이는 일부 공동체 특히 남반구에 대해 잔인하고 무자비하며 인간의 생명과 재산을 조금도 생각하지 않는다는 편견을 강화한다.

　나아가 아동병사는 소리 없는 희생자라는, 또 다른 틀에 박힌 주장에 이의를 제기하고 싶다. 마오쩌뚱주의 운동에 가담한 어린이는 자신의 의사와 달리 강제로 모집되어 강요에 의해 머무르고 있는 희생자가 아니라는 것이 오랜 관찰과 연구의 결론이다. 집이나 마오쩌뚱주의 운동으로부터 '달아난다'는 이야기에서 그들은 자신의 수행성을 명확하게 보여주었다. 가부장제나 가난 같은 커다란 사회구조가 어린이가 내리는 결정에서 중요한 역할을 하는 것은 사실이다. 그러나 이런 상황에서조차 어린이는 행동할 수 있는 능력을 표출한다.

　다음으로 '아동병사'라는 범주를 정의하는 데 있어 어린이가 게릴라 조직 내에서 관여하는 다양한 활동을 살펴볼 필요가 있다는 점도 강조하고 싶다. 일반적으로 그려진 것과는 달리, 마오쩌뚱주의 운동에 가담한 어린이가 모두 아동병사인 것은 아니다. 어린이가 관여하는 활동에는 교육, 선전작업, 문화활동 등을 비롯하여 훨씬 더 넓은 임무 영역이 있다. 내가 현장연구를 수행한 지역 어린이는 무기를 휴대하거나 전투에 관여하는 일이 거의 없었다. 그들은 자기 자신의 교육이나 공동체의 일에 관여했다. 이처럼 어린이가 관여하는 더 넓은 활동 범위를 가리키는 데 '아동병사'라는 범주가 지니는 한계를 고려할 때, 게릴라 운동에 참여하는 어린이를 이해하기 위해 훨씬 더 맥락을 깊이 고려해야 한다.

아동병사 문제를 고찰할 때 구체적 사례를 하나하나 들여다보는 접근법을 고수하는 것이 중요하다는 점도 빠뜨릴 수 없다. 어떤 맥락에서는 어린이의 강제 모집이 널리 퍼져 있을 수 있는 반면 다른 맥락에서는 그런 일이 전혀 일어나지 않을 수도 있다. 내가 연구한 현장에서는 강제 모집의 증거를 볼 수 없었다. 마찬가지로, 게릴라 운동에 가담한 소년소녀에 대한 성폭력의 증거도 없었다. 따라서 투쟁 사례를 각기 그 맥락과 사회적 환경에 따라 살펴보는 것이 중요하다.

무엇보다 가장 중요한 것은 어린이의 목소리에 귀를 기울이는 일이다. 어린이는 합리적 결정을 내릴 능력이 없다고 보는 까닭에 그들의 관점과 생각에 주의를 기울이는 일은 거의 없다. 보이든(Boyden 2004)은 전쟁과 투쟁에 관한 정보는 성인 제공자로부터만 수집되는 때가 많고, 어린이는 믿을 만한 관측을 제공할 수 없다고 보기 때문에 어린이로부터 수집되는 때는 거의 없다는 점을 지적한다. 어린이가 직접 목격·참여한 무장투쟁에 대한 어린이 자신의 경험과 생각을 공유할 자리를 만들어주지 않은 채 어린이의 설명을 성인이 구성해낸다는 것이다.

이 책은 이런 한계를 넘어서기 위해 노력했다.

참고문헌

구하(Guha, Ramachandra). 2007. "Adivasis, Naxalites and Indian Democracy". *Economic and Political Weekly*, 42(32): 3305-3312.

댈리어(Dallaire, Romeo). 2010. *They Fight Like Soldiers, They Die Like Children: The Global Quest to Eradicate the Use of Child Soldiers*. New York: New York University Press.

뒤몽(Dumont, L.). 1971. *Homo Hierarchicus: The Caste System and its Implications*. Delhi: Oxford University Press.

드럼블(Drumbl, Mark). 2012. *Reimagining Child Soldiers in International Law and Policy*. Oxford: Oxford University Press.

디노브(Denov, Myriam). 2010. *Child Soldiers: Sierra Leone's Revolutionary United Front*. Cambridge: Cambridge University Press.

로즌(Rosen, David). 2005. *Armies of the Young: Child Soldiers in War and Terrorism*. New Brunswick, NJ: Rutgers University Press.

_____. 2012. *Child Soldiers: A Reference Handbook*. California: ABC-CLIO.

_____. 2015. *Child Soldiers in the Western Imagination: From Patriots to Victims*. New Brunswick, NJ: Rutgers University Press.

모슨(Mawson, A.). 2004. 'Children, impunity and justice: Some dilemmas from northern Uganda'. In *Children and Youth on the Front Line: Ethnography, Armed Conflict and Displacement*, eds. J. Boyden and J. de Berry. New York: Berghahn Books.

바비스카르(Baviskar, Amita). 1996. *In the Belly of the River: Tribal Conflicts over Development in the Narmada Valley*. Delhi: Oxford University Press.

바스타드(Barstad, Kristin). 2008. "Preventing the Recruitment of Child Soldiers: The ICRC Approach," *Refugee Survey Quarterly* 27 (4): 142−9.

보이든(Boyden, J.). 2004. "Anthropology under fire: Ethics, researchers and children in war". In *Children and Youth on the Front Line: Ethnography, Armed Conflict, and Displacement*, eds. J. Boyden and J. de Berry. New York: Berghahn Books.

보이든·레빈슨(Boyden, J. and D. Levinson). 2000. "Children as economic and social actors in the development process". *Working Paper* 1. Stockholm: Expert Group on Developmental Issues.

보이든·만(Boyden, J. and G. Mann). 2005. 'Children's Risk, Resilience, and Coping in Extreme Situations'. In M. Ungar (Ed.), *Handbook for Working with Children and Youth: Pathways to Resilience Across Cultures and Contexts*, pp. 3−26. Thousand Oaks, CA: Sage.

브라운(Brown, Ian). 1990. *Khomeini's Forgotten Sons: The Story of Iran's Boy Soldiers*. London: Grey Seal Books.

브렛·스펙트(Brett, Rachel and Irma Specht). 2004. *Young Soldiers: Why They Choose to Fight*. Boulder, CO: Lynne Rienner Publishers.

브할라(Bhalla, Abhishek). 2013. "India's child soldiers: Shocking pictures show Maoists arming their next generation of fighters as they give guns and combat lessons to children aged SIX". *Daily Mail*. https://www.dailymail.co.uk/indiahome/article-2339187/Indias-child-soldiers-Shocking-pictures-Maoists-arming-generation-fighters-guns-combat-lessons-children-aged-SIX.html. 2019년 11월 14일 열람.

비비시뉴스(BBC News). 2007. "Child soldiers 'are a time bomb'". 5 February. http://news.bbc.co.uk/2/hi/europe/6330503.stm. 2019년 10월 1일 열람.

샤(Shah, Ghyanshyam). 2001. 'Introduction: Dalit Politics'. In Shah G (ed). *Dalit Identity and Politics*, pp. 17−43. New Delhi: Sage Publications.

스리바스타바(Srivastava, Amitabh). 2017. "A Shocking Surge: Childhoods are at stake in Jharkhand as Maoists increasingly turn to minors to replenish their depleting ranks". *India Today*. https://www.indiatoday.in/magazine/msn-it/story/20170508-child-soldiers-maoists-jharkhand-986259-2017-04-28. 2019년 11월 14일 열람.

시퍼휴즈·사전트(Scheper-Hughes, Nancy and Carolyn Sargent). 1998. "Introduction," in *Small Wars: The Cultural Politics of Childhood*, edited by Nancy Scheper-Hughes and Carolyn

Sargent. Berkeley, CA: University of California Press (2015), 1-34.

싱어(Singer, Peter). 2006. *Children at War*. Berkeley, CA: University of California Press.

아시아인권센터(ACHR, Asian Centre for Human Rights). 2013. *India's Child Soldiers*. https://reliefweb.int/sites/reliefweb.int/files/resources/JJ-IndiasChildSoldiers2013.pdf. 2019년 10월 1일 열람.

아처드(Archard, David). 2015. *Children: Rights and Childhood*, 3rd ed. New York: Routledge.

애닝 · 매킨타이어(Aning, K. and A. McIntyre). 2004. 'From youth rebellion to child abduction: The anatomy of recruitment in Sierra Leone'. In *Invisible Stakeholders: The Impact of Children on War*, ed. A. McIntyre. Pretoria: Institute for Security Studies.

엉거 외(Ungar, Michael. et al). 2005. "Studying Resilience across Cultures". *Journal of Ethnic and Cultural Diversity in Social Work*, 14 (3-4):1-19.

유엔 국제아동구호기금(UNICEF). 2007. 'The Paris Principles: Principles and Guidelines on Children Associated with Armed Forces or Armed Groups'. *Paris Declaration*. https://www.unicef.org/mali/media/1561/file/ParisPrinciples.pdf. 2019년 10월 1일 열람.

이즈미(Ismi, A.). 2013. "Maoist insurgency spreads to over 40% of India". *The Red Phoenix*, 20 December. https://theredphoenixapl.org/2013/12/20/maoist-insurgency-spreads-to-over-40-of-india-mass-poverty-and-delhis-embrace-of-corporate-neoliberalism-fuels-social-uprising. 2019년 10월 25일 열람.

인도 내무부(MHA, Ministry of Home Affairs Annual Report), 2006. 'PM's Speech at the Chief Ministers' Meet on Naxalism', p. 24.

젤리엇(Zelliot, Eleanor). 2001. *From Untouchable to Dalit: Essays on Ambedkar Movement*. New Delhi: Manohar Publishers.

커너스(Kunnath, George). 2006. "Becoming a Naxalite in Rural Bihar: Class Struggle and its Contradictions". *The Journal of Peasant Studies*, 33 (1): 89-123.

_____. 2017. *Rebels from the Mud Houses: Dalits and the Making of the Maoist Revolution in Bihar*. London: Routledge.

_____. 2020 "Dalit Responses to the Caste System: Rethinking Resistance". In S. Murru & A. Polese (eds). *Resistances: Between Theories and the Field*. London: Rowman & Littlefield (출간 예정).

켐퍼(Kemper, Y.). 2005. *Youth in War to Peace Transitions*. Berlin: Berghof Research Center for

Constructive Conflict Management.

프레이저(Fraser, Mark). (ed.) 2004. *Risk and Resilience in Childhood: An Ecological Perspective*. Washington D.C.: National Association of Social Workers.

플랜 인터내셔널(Plan International). 2008. *Child soldiers "a ticking timebomb"* —NGO. https:// reliefweb.int/report/world/child-soldiers-ticking-timebomb-ngo. 2019년 11월 10일 열람.

피터즈 · 리처즈(Peters, Krijn and Paul Richards). 1998. "'Why We Fight': Voices of Youth Combatants in Sierra Leone." *Africa* 68 (2): 183 –210.

하비(Harvey, David). 2003. *The New Imperialism*. Oxford: Oxford University Press.

후인 · 드코스타 · 리쿠(Huynh, K; B. D'Costa, and K. Lee-Koo). 2015. *Children and Global Conflict*. Cambridge: Cambridge University Press.

휴먼라이츠워치(HRW, Human Rights Watch). 2008. "Being Neutral is Our Biggest Crime" *Government, Vigilante, and Naxalite Abuses in India's Chhattisgarh State*. New York: Human Rights Watch.

교차하는 아시아 5

어린이 동지
— 인도 마오쩌뚱주의 아동병사들의 이야기

초판 1쇄 발행 2021년 11월 30일

지은이 조지 커너스
옮긴이 권루시안
발행처 국립아시아문화전당
발행인 이용신
기획 아시아문화원
디자인 박대성
편집 김희진

주소 61485 광주광역시 동구 문화전당로 38
문의 1899-5566
홈페이지 www.acc.go.kr

값 14,000원
ISBN 979-11-89652-95-1 94300
ISBN 979-11-89652-43-2 (세트)

ⓒ 국립아시아문화전당, 조지 쿤나스 2021

이 책에 수록된 도판 및 글의 저작권은 해당 저자, 소장 기관 및 국립아시아문화전당에 있습니다.
이 책은 저작권법에 의해 보호받는 저작물이므로 무단전재 및 복제를 금합니다.

이 책에 실린 사진들은 저자가 현장연구를 수행하며 직접 촬영한 것들입니다.
무단으로 사용을 금합니다.